कविता

के

क्षितिज

दीपक 'दानिश'

मूल्य : रुपये 200/- मात्र

समर्पण

' कविता के क्षितिज ' समर्पित है गुरुस्वरूप ,बड़े मामाजी
स्व. भोलानाथ मालवीय को,
जिनसे मुझे पुस्तकानुराग व साहित्य की दीक्षाएं प्राप्त हुईं

[आवरण चित्र-- छविचित्र दीपक ' दानिश ']

आत्म कथ्य

मानवीय चेतना में साहित्य का उद्भव मनुष्य के सांस्कृतिक विकास का एक महत्त्वपूर्ण पक्ष है। निश्चित रूप से कविता मनुष्य का प्रथम साहित्य है। इस तथ्य के अनेक आधार हैं। क्षुधा - तृप्ति के पश्चात् विश्राम के क्षणों में मनुष्य ने,सहज ही, विश्राम को सुखदायी व आनंदमय बनाने की स्वाभाविक चेष्टा में, उस समय मन में विचरते विचारों को अपनी बोली के चंद शब्दों का बाना पहनाकर, उन्हें फिर सुरीले परिंदों से सीखे चंद सुरों में पिरोकर, गुनगुनाया होगा। चंद शब्दों का सहज बाना पहने, मानस में एक लय से विचरते विचार ही मनुष्य के प्रथम काव्य व साहित्य रहे होंगे।

कविता व गीत का संबंध प्रागैतिहासिक है। कविता में गीतात्मकता के तत्व की अपेक्षा स्वाभाविक है। गीतों के प्राथमिक मनोविज्ञान में भी विचारों के बारंबार क्रम के प्रथम विचार पर लौट आने की सहज, सुगम प्रक्रिया ने कविता के प्राकृतिक स्वरूप का निर्धारण किया होगा। कविता , अथवा गीत , स्थायी से अंतरों और अंतरों से स्थायी पर लौट आने की स्वाभाविक प्रक्रिया का सहज स्वरूप है। अपनी शैशव - संस्कृति में मनुष्य ने अपनी प्रथम कविताओं को यूं ही गुनगुनाया होगा।

विश्राम के अंतरालों से आगे , इन प्रथम काव्य - गीतों ने सभ्यता की दहलीज़ पर विचरते अपने रचयिताओं की , उनके ध्येय-केंद्रित श्रम- उपक्रमों में गति - निर्धारण तथा श्रम - क्रियाओं को सुगम व सुसाध्य बनाने की प्रक्रिया में , प्रचुर भावात्मक सहायता की होगी। हर हाल में , मनुष्य की प्रथम कविताओं में कथ्य छंद व लय के स्वाभाविक प्रारूपों में , सहज संगीत से अलंकृत होकर , अभिव्यक्त हुआ होगा।

कालांतर में परिमार्जन ने काव्य - छंदों का उद्भव सुनिश्चित किया। किन्तु छंद अपने एक आधारभूत तत्व के अभाव में प्रभावहीन होते। छंद-प्रबंध का यह आधारभूत तत्व है ' लय ' । कविता के छंदों में लय के गुण - श्रृंगार को सुनिश्चित करने के लिए उन समस्त भाषिक व मात्रिक विधियों का उपयोग किया गया जिससे कविताओं में गीतात्मकता का सदृण साकार हो सके।

इतिहास में काव्य - विकास के क्रम ने यह सुनिश्चित किया कि ' कविता ' से सहज ही छंदोबद्ध व गीतात्मक काव्य-कथ्य का बोध हो। यह अवयव , लगभग पारिभाषिक रूप में , ' कविता ' की व्याख्या में शामिल हो गए। किन्तु चिरस्थायी रूप में नहीं। बीसवीं सदी ई. के आते आते कविता – विशेषकर हिंदी कविता – के रूप-स्वरूप में — तथा इसके फलस्वरूप उसके पारिभाषिक तत्वों की गणना में भी — परिवर्तन के स्पष्ट प्रमाण मिलने लगे।

हिंदी कविता के विकास में ब्रजभाषा से खड़ी बोली तक का भाषिक परिवर्तन , भारतेन्दु हरिश्चन्द्र तथा पं. महावीर प्रसाद द्विवेदी के युगों से होकर कविवर मैथिली शरण गुप्त के ' नेतृत्व ' में सन्धिकाल , बीसवीं सदी ई. के अधिकांश पूर्वार्ध में छायावाद तथा इनकी भावभूमि पर पल्लवित महाकवि ' निराला ' का निराला मुक्त वृत्त इन परिवर्तनों के साक्ष्य हैं।

' निराला ' से हिंदी काव्य के ' छंद - मुक्त ' आधुनिकीकरण का सूत्रपात हुआ। महाकवि ' निराला' का अधिकांश काव्य-सृजन मुक्त वृत्त है। किन्तु ' निराला ' के भावात्मक उद्वेग , भावों की दार्शनिकता तथा शब्द-चित्रों की जीवंतता की पृष्ठभूमि में कविता की छांदिक मुक्त वृत्ति भी

हृदयग्राही हो जाती है , क्योंकि ' निराला ' के मुक्त वृत्त की अन्यथा असंयत पदावली भी ' कविता' के उस मूलभूत अंतिम गुण - श्रृंगार से अलंकृत है जिसे हम अक्सर ' लय ' की संज्ञा दिया करते हैं। ' निराला ' के उन्मेष व आवेग उनके मुक्त वृत्त काव्य को उत्कृष्ट बनाते हैं। किन्तु ' निराला' की छंद-निवृत्ति भी काव्यात्मक है , लयबद्ध है।

महाकवि ' निराला ' के प्रभाव से , तथा , मुख्यत:, उनके अनुसरण में , वर्तमान हिंदी काव्य की एक प्रबल धारा मुक्त वृत्त है। किन्तु यह धारा , बहुधा , ' निराला ' की मुक्त वृत्ति - सी लयबद्ध नहीं होती । अत : आज भी , अधिकांशत:, पारंपरिक छंदों के अनुशासन में रचित उर्दू काव्य की तुलना में हिंदी कविता अल्प प्रभाव का साहित्य सिद्ध होती है।

चित्त की काव्य-क्षुधा प्रवृत्ति को छंदोबद्ध सृजन की ओर प्रवृत्त करती है। इस प्रवृत्ति के मूलभूत कारणों की खोज में चिंतन मनुष्य के प्रथम साहित्य के प्रसंग तथा हिंदी - कविता के विकास-क्रम के शोध में ही तन्मय हो जाता है। फलत: मुक्त-छंद रचनाओं के संकलन '' कविता के पल '' [२०२१] के पश्चात् चित्त छंदबद्ध कविताओं के इस संकलन '' कविता के क्षितिज '' की ओर प्रवृत्त हुआ। जीवन अपनी धरा पर विविधताओं के प्रत्यक्ष अनुभवों के क्रम की एक अंतरंग संज्ञा है। जीवन में अनुभव व अनुभूतियाँ कविता को उसके क्षितिज प्रदान करते हैं। '' कविता के क्षितिज '' के काव्य-क्षितिज इन्हीं विविध अनुभवों व अनुभूतियों के भाव-चित्र हैं।

इस संकलन में रचनाएँ छंदोबद्ध तो हैं , किन्तु , ग़ज़लों के अतिरिक्त , यह रचनाएँ पिंगल के , अथवा पारंपरिक , छंदों में न होकर स्वतंत्र छंदों में निबद्ध हैं । इस संकलन का यह तथ्य , शायद, समकालीन हिंदी - काव्य का यथोचित चित्रण करता है। उर्दू - काव्य की तुलना में वर्तमान हिंदी -

काव्य अधिक ' स्वच्छंद ' है। उर्दू के विपरीत , आज का हिंदी - काव्य अधिकांशत: मुक्त वृत्त है ; और जहाँ छंदोबद्ध है , वहाँ परंपरागत छंदों में न होकर स्वतंत्र अथवा मौलिक छंद - प्रकारों में रचित होता है। स्पष्टत: , हिंदी - काव्य का वर्तमान युग पिंगल के छंदों का नहीं है। पारंपरिक छंदों में मात्र दोहा , कदाचित , सबसे लोकप्रिय छंद है।

 हिंदी - कविता में आज ग़ज़लों का महत्त्वपूर्ण स्थान है। उर्दू , अथवा ' हिंदुस्तानी ' के प्रचुर प्रभाव में , आज ग़ज़लें हिंदी - साहित्य का अभिन्न अंग हैं। ग़ज़लों की विधा मुख्यत: छंद-प्रधान है ,तथा उर्दू की ही भांति हिंदी में भी पारंपरिक ' बहरों ' अथवा छंदों में ही कही जाती हैं। इस संकलन की ग़ज़लें भी पारम्परिक उर्दू बहरों में रचित हैं।

" कविता के क्षितिज " की कविताएं छंदोबद्ध हैं। सुधी पाठकों की दृष्टि में यह रचनाएँ लयबद्धता , गीतात्मकता , तथा विचारों की काव्यात्मक अभिव्यक्ति के दृष्टिकोणों से भी पर्याप्त सार्थक हों , ऐसी साहित्यिक अभिलाषा है ।

दीपक 'दानिश'

प्रयागराज

18 नवंबर 2024

अनुक्रमणिका

शुभानुशंसा

' काव्य ' साहित्य की आत्मा होती है। इसे साहित्य और संस्कृति का प्राणतत्व भी कहा जाए तो अनुचित नहीं होगा। काव्य में गीत - संगीत के तत्व पाए ही जाते हैं , यह स्वाभाविक है। अगर हम हिंदी साहित्य के इतिहास पर दृष्टिपात करें तो पाएंगे कि आधुनिक काल के पहले के तीनों कालों [आदिकाल , भक्तिकाल और रीतिकाल] का अधिकांश हिस्सा काव्यमय है। आदिकाल से आधुनिक काल तक ' निराला ' जी से पहले कविताएं प्राय: ' छंदोबद्ध ' होती थीं। ' निराला ' जी से हिंदी काव्य में ' छंद - मुक्त ' का सूत्रपात हुआ। उन्होंने छंद के बंधन से कविता को मुक्त करके उसे पूर्ण स्वतंत्रता प्रदान कर दी। ' निराला ' जी ने कविता को छंद के बंधन से मुक्त कर स्वच्छंद वायु में सांस लेने का अवसर उपलब्ध कराया। इसके बावजूद भी यह सत्य है कि ' निराला ' के भावात्मक उद्वेग , भावों की दार्शनिकता तथा शब्द - चित्रों की पृष्ठभूमि में काव्यात्मक वृत्ति बहुत ही हृदयग्राही हैं। ' लयबद्धता ' ' निराला ' के काव्य का एक महत्त्वपूर्ण तत्व है।

दीपक ' दानिश ' जी ' निराला ' जी से प्रभावित हैं , ख़ासकर उनकी लयबद्धता से। दीपक ' दानिश ' जी की छंदबद्ध कविताओं के संकलन " कविता के क्षितिज " में उनके अनुभवों एवं अनुभूतियों के सहज भाव - चित्र हैं। उनके अनुभव का क्षेत्र विस्तृत है , अनुभूतियां गहरी और अनूठी हैं। तभी तो वह कहते हैं –

' पास बड़े - बूढ़ों के बैठकर

वक़्त उन्हें भी देना है

उनकी प्यार भरी बातों से

सीख हमें कुछ लेना है

उनसे लेकर उनके मोती

आगे हम पहुंचाएंगे '

— " हम हैं सुमन ..."

दूसरी तरफ़ वह भारत - भूमि को याद करते हुए कहते हैं —

' कभी कपूतों ने माता के माथे का सिंदूर मिटाया

किंतु सपूतों ने पूजा की , सेवा की , यश - मान बढ़ाया

गौरव कभी न हुआ कलंकित ,ऐसी इसकी अमर कहानी '

सोना मेरे देश की माटी ....

यह सत्य है कि हिंदी कविता में आज ग़ज़लों का महत्त्वपूर्ण स्थान है। ग़ज़लों की विधा , मुख्यत: , छंद - प्रधान है तथा , उर्दू की ही भांति , हिंदी में भी पारंपरिक ' बहरों ' , अथवा छंदों , में ग़ज़लें कही जाती हैं। दीपक ' दानिश ' जी की इस संकलन की ग़ज़लें भी पारंपरिक उर्दू ' बहरों ' में रचित हैं। उनकी ग़ज़लों में भी जीवन और जगत के विविध रूप और रंग मिलते हैं। वह उचित ही कहते हैं —

' शंका के फूल खिलते हैं घर घर जहां , वहीं

पूजा के फूल सूखते गमलों में रह गए '

होली के अवसर पर दीपक ' दानिश ' जी कह उठते हैं —

' लौट आया समय हर्ष उल्लास का

जब सजा हिय में फागुन नई आस का '

राम के आगमन पर उनका मन कह उठता है –

' ठहरो ठहरो मैं घर संवार तो लूं

राम आएंगे , मैं पुकार तो लूं '

सोने की लंका को याद करते हुए दीपक ' दानिश ' जी कहते हैं —

' है घर घर प्रखर फिर से सोने की लंका

मगर उसका जलना है निश्चित अनल में '

दीपक ' दानिश ' जी की अनुभूतियां प्रासंगिक भी हैं ; वह सत्य कहते
हैं —

' दानिश '   कटी हैं जब भी ग़रीबों की झोलियां

भरता है घर ज़रूर बड़े ख़ानदान का '

दीपक ' दानिश ' जी के काव्य में राम के साथ ही कृष्ण भी उपस्थित हैं ।
' भाई दूज ' के अवसर पर वह कृष्ण और सुभद्रा को याद करते हैं –

' किया जब कृष्ण ने नरका का वध , तब आज ही के दिन

सुभद्रा प्रेम से मुंह कृष्ण का मीठा कराती है '

दीपक जी महाप्राण ' निराला ' को याद करते हैं —

' एक दिन जो गूंजा था स्वर

फागुन में पिक था प्रखर

कैसा   निराला - सा

शीतल - सी ज्वाला - सा

परिमल   था पावन   प्रवर '

वर्तमान समय में पनप रहे आतंकवाद और भीड़ - तंत्र को भी दीपक '
दानिश ' जी की लेखिनी ने बख़ूबी उकेरा है –

'जो जीवन का मोल न जानें

और कोई क़ानून न मानें

एक   दूसरी दंड - संहिता

उनकी ख़ातिर आज बनाएं

धरती से आतंक मिटाएं… '

दीपक ' दानिश ' जी ने अपनी संवेदना से प्रकृति के विविध रूपों को भी
गहराई से छुआ है । समसामयिक समस्याओं को भी दीपक जी ने " कविता

के क्षितिज " में उचित स्थान दिया है । लयबद्धता , गीतात्मकता तथा काव्यात्मकता इस संग्रह के प्राण हैं । दीपक ' दानिश ' जी का यह संग्रह निश्चित तौर पर सुधी पाठकों की आकांक्षाओं पर खरा सिद्ध होगा , ऐसा मेरा दृढ़ विश्वास है ।

डा. मनोज कुमार सिंह

हिंदी प्रवक्ता

सेंट जोसेफ़ कॉलेज

प्रयागराज

बसंत दे गया है प्यास .....

दीपक 'दानिश' ने अपने कथ्य व कविताओं में प्राकृतिक सौन्दर्य , उसके लुभावने स्वरूप , उसकी महिमा और मनमोहक वातावरण का शब्द-चित्रण किया है। इस मनोहारी वातावरण में परिंदों की चहकार , पंछियों के कलरव का — कलरव भी ऐसा जो हारमोनियम , शहनाई , सितार , झांझ , मजीरा , ढोलक , तबला के स्वर - समूह को मात देता हो — सुमधुर सुर-समावेश है । जिसे इसका अनुभव होगा वही अपनी अनुभूति को अभिव्यक्ति दे सकता है। कवि का मन प्रकृति - प्रेमी है ; ऐसा विचार उसके प्रेम का प्रमाण है ।

कवि विचार - मंथन की लहरों - तरंगों में गोता लगाता है — सर्वप्रथम किसने गीत - गान का शुभारंभ किया होगा ? कैसे गुनगुनाया होगा ? उसी समय से गीत गाने की शुरुआत हुई होगी ; उसी स्वर-लहरी से गायक स्वयं आनंदित हुआ होगा , और सम्पूर्ण वातावरण में आनंद का वितान तान दिया होगा। दीपक ' दानिश ' ने इसी विचार - बिन्दु को केन्द्रित कर कविताओं से पूर्व अपनी भावना को अपनी बात में व्यक्त करने का प्रयास किया है ; जो बहुत ही ख़ूबसूरत है। आदिकाल के गीत - गुंजन की परतों - दरपरतों को खोल - खोलकर ' दानिश ' परखते गए। नई विचार - धाराओं से सामना होता गया ; अपने सार्थक शब्दों को कविता में वह ढालते गए , मांजते - चमकाते गए ; इसी कर्म को आगे बढ़ाते गए ; और आज वह " कविता के क्षितिज " के रचनाकार बन गए । एकान्तवास , सीमित परिवार, जो दूर - दराज़ में बसा था , सीमित आवागमन , प्राकृतिक

परिवेश में निवास, जो अलग छवि दर्शाता है। यही कारण हैं कि यह काव्य - संग्रह विशेष हो जाता है।

'दानिश' के इस संग्रह में प्राकृतिक रूप हमें कई तरह से मिलते हैं। " हम हैं सुमन " – कवि प्रकृति का अंश बनकर स्वयं के कार्य - व्यापार और व्यहवार से अमर हो जाएगा। " बसंत " , " प्रात पर्व " , एवं " मरुस्थल " जैसे शीर्षक कवि के इस प्रकृति - प्रेम ने अपने गर्भ में छिपा रखा है। गुरु-गम्भीर शब्दों के माध्यम से कवि ने महत्त्वपूर्ण विषयों को काव्य - भावों में गुप्त रखा है : जो इन शब्दों को समझेगा , वह पूरी कविता को समझेगा।

अपनी आकांक्षाओं की पूर्ति के पश्चात् अपने जीवन को सर्वाधिक सुखी एवं सुन्दर बनाने के लिए मनुष्य ने स्वत: निकले हुए शब्द को लेकर उस गुन - गुन की गुनगुनी ध्वनि के अनन्त स्वरूपों को जन्म दिया होगा जिससे हमें गीत - संगीत का बोध होता है ; और ऐसा मानना उचित है। दीपक ' दानिश ' ने अपनी कविताओं , और विशेषकर ग़ज़लों , को नवरंग - रूपों में सजा - संवारकर पाठकों के समक्ष रखा है। इस नए परवाज़ के शायर की अपनी शैली है , अपने हौसले और जज़्बात हैं , जिनसे इनकी अपनी ख़ास पहचान बनती है। इन्होंने आह से गान नहीं उपजाया ; अपितु खान - पान के पश्चात् , चार क़दम चलकर , नदी किनारे की सैर तथा विश्राम के पश्चात् आन्तरिक हर्ष के कारण जो गुन - गुन गान फूटा , यह उसका काव्यानन्द – स्वर्गिक आनन्द – है , न कि आह से उपजे गान का।

दीपक ' दानिश ' ने कविता के जन्म से वर्तमान तक के प्रत्येक बिन्दु का क्रमवार उल्लेख किया है। जिज्ञासु छात्र इनके सूत्रों के माध्यम से अपनी जिज्ञासा को शान्त कर सकता है , अपने प्रश्नों का उत्तर प्राप्त कर सकता है।

सत्य और वास्तविक सूत्र मिलें , यह सबसे बड़ी बात है। ' दानिश ' अपनी परम्पराओं को लेकर चलने वाले कवि और शायर हैं। किन्तु उनका चिन्तन नितान्त उनका है। ऐसे ही लक्षण पथ की लीक बनते हैं , जिसकी कल्पना पहले ही की नहीं जाती ; और वह अपने आप इतिहास बन जाता है। कवि ऐसा ही कुछ कर गुज़रने के पथ पर हैं। और ऐसे साहित्य - सृजन में इनकी ग़ज़लें भी आती हैं।   दीपक ' दानिश ' ने सर्वप्रथम माँ सरस्वती की वन्दना प्रत्येक प्राणी - जगत के लिए किया ; तत्पश्चात राष्ट्र का महिमागान जो सर्वोपरि है। शीर्षक है " सबसे प्यारा अपना देश । " इसकी चार पंक्तियां देखें —

'हर जन हर का मीत यहाँ पर

सब इक दूजे पर न्योछावर

कोई   रंक   न   कोई   नरेश

सबसे   प्यारा   अपना देश'

इसी संग्रह की लम्बी कविता है " हम हैं सुमन ... "   इस कविता की कुछ पंक्तियाँ उद्देश्यपूर्ण हैं। कवि ने दूसरों को प्रेरणा देने को विशेष ध्यान दिया , और यही संदेश दूसरों के लिए बनता है कि वह भी ऐसा करें। संदेश है –

'हम हैं सुमन एक नई छटा के

उपवन   नया   सजाएंगे

मंज़िल हो कितनी ही दुर्गम

हम   एक   राह   बिछाएंगे '

मंज़िल की दूरी दुर्गम और पथरीली है ; ऐसे पथ पर चलने की हौसलाअफ़्ज़ाई अथवा प्रेरणा शायर ' दानिश ' देते हैं। महीयसी महादेवी वर्मा जी की प्रसिद्ध कविता की पंक्ति – " जाग तुझको दूर जाना " – किसी भी दुर्गम मार्ग पर चलने की प्रेरणा प्रकट होती है। दीपक वहीं खड़े दीखते हैं हमें। इनका स्वरूप नई छटा के साथ नए वातावरण में है। नया वातावरण आपको शुभ हो। गंगा - जमुनी संस्कृति का सुन्दर उदाहरण – " सोना मेरे देश की माटी " । भारत ऐसा देश है जिसके आंचल में विभिन्न प्रकार के हैं जिनकी सुगन्ध भी भिन्न है , लेकिन सारे पुष्प , सारी सुवासित गंध एकजुट होकर हिन्दुस्तानी खुशबू की बयार बहाती हैं जो दूसरे देशों में नहीं मिलती है। शायर ने उदाहरण दिया है –

" इसके स्वर में गीता गूंजी , गूंजे मल्फूज़ात मुक़द्दस

दिए विश्व को शिक्षक ऐसे जिनकी ओर खिंचे सब बरबस "

लेखक , कवि , शायर – सभी रोशन - दिमाग़ होते हैं। जहां न पहुंचे रवि , वहां पहुंचे कवि । बीते कल को नई शैली और नये रंग में ढालना ; उसकी प्रस्तुति वर्तमान से जुड़कर नये कलेवर में प्रकट होती है। श्रीराम के लिए ,अथवा आगंतुक अतिथियों के लिए , सम्बोधन है – वर्जना भी – कि अभी घर में प्रवेश नहीं करना है। अभी घर को संवारा नहीं है। घर तो घर है , सुन्दर है। झोपड़ी भी अपनी बहुत सुन्दर होती है। ' दानिश ' का भी घर सुन्दर है (इनका हृदयरूपी घर स्वच्छ तो है , फिर भी श्रीराम के अनुकूल नहीं है। स्वच्छता को संवारना शेष है।) यहां संवारना ' सत्यम शिवम सुन्दरम ' से भी सम्बन्धित है। उदाहरण के रूप में ' दानिश ' कहते हैं –

"ठहरो ठहरो मैं घर संवार तो लूं

राम आएंगे मैं पुकार तो लूं

नैन सूखे हैं आस के तप से

प्रेम - जल से नयन निखार तो लूं "

इस संग्रह में भावुक मन का परिचय बार - बार मिलता है। शायर ' दानिश ' ने गहरा तंज़ , (व्यंग) भ्रष्टाचार , अत्याचार , अन्याय को आधार बना कर , कुछ इस तरह किया है –

" ' दानिश' कटी हैं जब भी ग़रीबों की झोलियां

भरता है घर ज़रूर बड़े ख़ानदान का"

बसंत सम्पूर्ण विश्व के लिए ऋतुओं की राजा और रानी है। सभी अपने देशकाल तथा संस्कृति के आधार पर बसंत को अपनी शैली में मनाते हैं , उत्साह और आनन्द का मज़ा लेते हैं। अवध की बसंत जग - प्रसिद्ध है। बासंती परिधान में नवाब साहब का कत्थक करना , पतंग उड़ाना ...

(आज कुछ लोगों का बसंत इन्कम - टैक्स क्लियर कराने में ही समाप्त हो जाता है।)

फूलों के साथ नई कविताएं भी जन्म लेती हैं। भटकटैय्या (कैक्टस) पर भी बहार छा जाती है। कहने का अर्थ है कि सब कुशल मंगल है तो बसंत भी सुहानी लगती है ; अन्यथा ऐसे सुहानी ऋतु की ओर कितने लोग ध्यान दे पाते होंगे ?

वैसे तो बसंत समस्त वातावरण को सुवासित कर देता है। बासंती रंगों में रंगे ख़ुशनुमा माहौल के साथ सरसों के स्वर्णिम रंग में स्वयं को समन्वित कर लेना , पीत वस्त्र धारण कर लेना , नई - नवेली कविताओं को मुखरित करना , कवि - गोष्ठी , कवि - सम्मलेन होना ; इसके अतिरिक्त , सिंवार की सुगन्ध में मन और तन मस्त होकर सोने पर सुहागा .....

दीपक ' दानिश ' ने बसंत की नब्ज़ को बहुत अच्छी तरह से पकड़ा है। ऐसा सौन्दर्य जिसमें लावण्य भी शामिल हो , उदाहरण –

" बिछा के रंग हर तरफ़ धरा का भाग हो गई

हृदय में बस , वसंतजा प्रणय का गई

बसंत दे गया है प्यास चाहतों की इस तरह

लगी बुझी न , पर बुझी तो वीतराग हो गई "

बसंत ऋतुओं का राजा है। यहां जापानी बसंत की थोड़ी - सी चर्चा आवश्यक लगती है। भारत में बसंत एक ऋतु है। जापान में इसका समय केवल एक सप्ताह का होता है। जापानी ग्यारह माह तक अपने राष्ट्रीय पुष्प विकसित होने की प्रतीक्षा करता है। इसका प्रधान केंद्र है ओसाका शहर का " बम्पा कू " गार्डेन , जहाँ सबसे पहले एशियाड हुआ था। वृक्ष अमरुद के पेड़ के सामान हैं। जापान में बसंत का यह सप्ताह " गोल्डन वीक " कहलाता है। जापानी , सपरिवार , ' साकुरा ' वृक्ष के नीचे पूरा दिन बैठकर व्यतीत करता है। वहीं खान - पान , गायन - वादन – संगीत की पूरी व्यवस्था। आवागमन बाधित। भीड़ इतनी कि ट्रेनों में जगह नहीं। पार्किंग में गुंजाइश नहीं। आदमक़द कैमरों को साथ में होना ही होना है। जापान में मोनो-रेल में – जिसका किराया हवाई जहाज़ के किराए के

बराबर होता है – रिज़र्वेशन होने से एक महीने तक कभी भी यात्रा की जा सकती है। मगर " गोल्डन वीक " में मोनो-रेल में उसी दिन सफ़र करना अनिवार्य होता है। जापानी इतनी आपाधापी में क्यों है ? ' साकुरा ' को लेकर । कारण , ' साकुरा ' का जीवन एक सप्ताह का है। जापानी अपने जीवन को इसी प्रकार मानता है – क्षणिक। इसलिए वह अपने मानव - जीवन का उपयोग अधिक से अधिक करना चाहता है , न जाने कब आँख बन्द हो जाये। मौसम की सूचना हर घण्टे पर आती है। सड़कों पर बड़ी बड़ी होर्डिंग लगी रहती हैं – ' सूचित किया जाता है कि आज शाम ५ बज कर १७ मिनट पर बारिश होगी। ' निराशा के साथ हलचल , अर्थात कल विकसित फूल नहीं रहेंगे। सफ़ेद और हल्का गुलाबी फूल , बहुत कोमल होता है , हवा - पानी में तुरंत झड़ जाता है। अफ़सोस इसी का है। गहन दुःख का कारण बन जाती है वर्षा। यही कारण है कि जापानी अपने कर्म पर पूर्ण समर्पित है। वह खाएगा नहीं , सोएगा नहीं ; मगर काम करेगा। जापानी बसंत की भी याद दिलाती इस बासंती ग़ज़ल में शायर ने ख़ूबसूरत मंजरकशी की है। दीपक ' दानिश ' ने जहाँ से अपनी बात शुरू की वहीं " प्रात पर्व " के माध्यम से उषा की बाल - किरण के सौम्य रूप को वर्णित कर चित्रलेखा नाम दिया है और कहते हैं –

"थी सूरज की पहली , सुनहरी किरण

किसी चित्र-सा खिल उठा फिर गगन

खिला दिन , गई रात जाने कहां

हुआ दिन के उल्लास में जग मगन "

" विडम्बना " शीर्षक में कवि ने मानवता और माँ की सेवा संदर्भ में ,कविता के माध्यम से , देश की संस्कृति का जो ख़ाका खींचा है उसका रूप वर्त्तमान के अनुरूप है ; इसे स्वीकार न करके जड़ से ख़ारिज करना चाहिए। हमारी संस्कृति की यही तो विशेषता रही है कि हम किसी भी जाति की स्त्री को वैसा ही सम्मान देते हैं जैसा अपनी जननी को। आज के सपूतों को क्या हो गया है ? दूर देश की संस्कृति को अपने ऊपर लादना कहाँ की बुद्धिमानी है ? कोर्ट और क़ानून का सहारा लेना पड़ रहा है।

भारत की सेवा का बखान विदेशों में बहुत होता है। मुक्तकंठ से प्रशंसा होती है। हमारा देश बहुत सारी ख़ूबियों का मालिक है।

इस प्रकार कई ऐसी रचनाएं हैं जो समाज को उसके अतीत , वर्त्तमान और भविष्य का आइना दिखा रही हैं। " निराला " , " धरती से आतंक मिटाएं " , जब देश मेरा आज़ाद हुआ " " नया पड़ाव ", मरुस्थल " – इन रचनाओं के माध्यम से कवि हमें सचेत और सावधान कर रहा है। मैं आशा करती हूँ कि इस संग्रह का सुधी पाठक हार्दिक स्वागत करेंगे। मेरी मंगलकामनाएं हैं कि दीपक ' दानिश ' का भविष्य उज्जवल हो और वह अबाध गति से लेखन-कार्य करके हिन्दी की सेवा करते रहें –

' यह कर्म उन्हें करना ही है

सरस्वती का भण्डार भरना ही है '

यासमीन सुलताना नक़्वी ,
अन्तर्राष्ट्रीय महासचिव , भारत - जापान समन्वय रंगमंच ;

संस्थापिका –' समन्वय '; राष्ट्रीय महासचिव ,

अखिल भारतीय भाषा साहित्य सम्मलेन;

सदस्य , के. के. बिड़ला फाउण्डेशन , नई दिल्ली ;

सरस्वती सम्मान एवं व्यास सम्मान से अलंकृत

सुरसती

सुरसती   अविकल   अलय

संशय विषय आशय विलय

रवि रच रहा गोधूलि प्रतिपल

रच   तू नव ज्योतिर्विजय

आसुरी   प्रच्छन्न   दुविधा

अरि सुमन , माया सुधा

अब इष्ट धन, व्यापार विद्या

शारदे   कैसा   समय ?

अंध   रत   संसार   सेवी

कर   जिधर   मुख वाग्देवी

फलित कर नभ नव अरुणिमा

कर   तमस पर दिग्विजय

तज तू खग , खग - स्वामिनी

चल पद परख यम यामिनी

कनक सम कण कण धरा का

रूप   कर   ओजस मलय

जन   अजर विद्या - शिवालय

कर   प्रखर मेधा - हिमालय

दे प्रगति - पथ शुभ्र दीपक

आचरण   भर   चिर विनय

सुरसती अविकल अलय .....

हिन्दी महिमा

वर स्वरूप वाणी है, संस्कृत की दुहिता है
भारत के मधुवन में, एक धवल सरिता है

प्रकृत बालाओं में सबसे बड़ी भगिनी है
रेख़्ता की यही सगी, ममतामयी जननी है

जन जन के मन-चित में पड़ी थी जो प्यार से
बेटी के साथ आज खड़ी है दुलार से

सरला स्वभाव से है, तर्कपूर्ण अवयव हैं
नित नवीन दायित्व, और कृतित्व अभिनव हैं

सर्वविधा धारिणी है, देववर्ण वाहिनी है
सुरसती का हंस बनी, ज्ञानसर विहारिणी है

प्रबल भावनाएं सभी , शब्द यहीं पाती हैं

इसमें ही शरण लिए , कविता बन जाती हैं

शब्दों की रचना में , अर्थ जड़े रत्नों से

व्याकरण है सुगम , सिद्ध नित्य न्यून यत्नों से

रिश्ते जो हैं प्रगाढ उनकी यही भाषा है

देशाचार भिन्नता की सेतुरूप आशा है

जिस जन के मानस का संविधान मान बना

उसी जन की वाणी का इससे प्रतिमान बना

नित्य सूर्य-सत्य सदृश , देश की ये गरिमा है

शब्द - विधा पार , अकथ हिन्दी की महिमा है

सबसे प्यारा अपना देश ......

[गीत]

सबसे   प्यारा   अपना   देश

ऐसा   कोई   न   दूजा   देश

इसके   ध्वज   का   नाम   तिरंगा

इसके   दिल   में   बहती   गंगा

निर्मल   है   इसका   परिवेश

सबसे प्यारा ....

शुभ्र   ललाट   हिमालय   इसका

कानन - कृषि   पहिरावन इसका

इसके   कई   हैं   भाषा - भेष

सबसे प्यारा ......

हम सब को हैं पास बुलाते

अमन चैन का पाठ पढ़ाते

हमको नहीं किसी से क्लेश

सबसे प्यारा .....

हर जन हर का मीत यहाँ पर

सब इक दूजे पर न्योछावर

कोई रंक न कोई नरेश

सबसे प्यारा .....

तनिक न संकट से घबराएँ

दुश्मन को ललकार भगाएँ

विपदा एक न रहती शेष

सबसे प्यारा .....

सबकी बातें .....

[बाल गीत]

सुनो तो यूं लगता है जैसे

कण कण इस धरती का हमसे

रह रह कर बातें करता है

जगो ! भोर में बाहर निकलो

नभ में नवरंगों का उत्सव

हमसे उठने को कहता है

फूलों का संसार बनाकर

कैसे फिर उसमें रमना है

सीख हमें भौंरा देता है

[बाल गीत]

तृण तृण कैसे बना घरौंदा

गगन - पवन की निगरानी में

गीतों में पंछी कहता है

पत्ता पत्ता कहे कहानी

कली कली है प्रेम की बानी

उन्हें कोई जब जब सुनता है

अपनी राह बनाओ ऐसे

क्रीड़ा है जैसे नदियों की

कल कल बह कर जल कहता है

अपने जग से बात करो यूं

जैसे मंद पवन प्रात: का

मौन सुरों में सच कहता है

हम हैं सुमन...

(बाल गीत)

हम हैं सुमन एक नई छटा के

उपवन नया सजाएंगे

मंज़िल हो कितनी ही दुर्गम

हम एक राह बिछाएंगे

हम हैं सुमन ...

हम को है आभास कि कल को

हमसे कितनी आशा है

किसको कितनी आस है हमसे

और कैसी अभिलाषा है

आशाओं के सुंदर सपने

हम साकार बनाएंगे

हम हैं सुमन ...

दुनिया ख़ुद ही अपनी किताबें

पढ़कर समझ नहीं पाती

समझ के दुनिया भर की बातें

गिर कर संभल नहीं पाती

सदग्रंथों में क्या लिक्खा है

हम पढ़कर समझाएंगे

हम हैं सुमन ...

पास बड़े - बूढ़ों के बैठ कर

वक़्त उन्हें भी देना है

उनकी प्यार भारी बातों से

सीख हमें कुछ लेना है

उनसे लेकर उनके मोती

हम आगे पहुंचाएंगे

हम हैं सुमन ...

लगता है अब हमें ज़माना

भूल गया है बातों में

छोड़ गया है हमें खुले में

पतझड़ में , बरसातों में

कुछ होगी मजबूरी उसकी

हम आगे बढ़ जाएंगे

हम हैं सुमन ...

हमसे है परिवार , नगर और

गांव - देस की बस्ती है

हम कहलाए जनक मनुष के

ऐसी अपनी हस्ती है

नई धरा , नव-क्षितिज दिखेंगे

हम जो कदम बढ़ाएंगे

हम हैं सुमन ...

मन वहां होता नहीं ....

हृद संजोए

नयन खोए

परस की अनुभूतियों में

मन कभी   खोता नहीं...

थक   चुका   तन

ढल   रहा   फन

स्वप्न   बारंबार   कहते

मन   कभी   सोता   नहीं...

कल   यहीं

फिर कल वहीं , फिर

बांझ हों जो बीज ऐसे

मन   कभी बोता   नहीं ...

अंत   का   शन

साक्षी बन

आंसुओं में गल-पिघल कर

मन   कभी   रोता   नहीं...

मन   वहां   होता   नहीं....

सोना मेरे देश की माटी

सोना मेरे देश की माटी, अमृत मेरे देश का पानी

कोई दिवस हो, कोई पहर हो, गाथा इसकी लगे सुहानी

सदियों के भूले-भटकों को, आंचल में अपने खींचा है

चाहत को, सपनों को सबके, उपवन में अपने सींचा है

इसके रीत-रिवाजों का है, नहीं कहीं कोई भी सानी

सोना मेरे देश की माटी....

पिछड़ गए जो साथ चले थे, क़दम न इसके रुके कभी भी

सबने अपना चोला बदला, इसका बाना वही अभी भी

इसकी काया अथक सदा से, तरुणाई जानी-पहचानी

सोना मेरे देश की माटी....

कभी कपूतों ने माता के, माथे का सिंदूर मिटाया

किंतु सपूतों ने पूजा की, सेवा की, यश-मान बढ़ाया

गौरव कभी न हुआ कलंकित, ऐसी इसकी अमर कहानी

सोना मेरे देश की माटी....

ऋतुएं इसकी सदा मनोरम, बड़ा कलेवर इसकी हस्ती

संस्कृति के सुर से अगाध है, वातावरण में इसके मस्ती

जो भी बसे यहां तन - मन से, बन जाए खुशियों का दानी

सोना मेरे देश की माटी....

इसके स्वर में गीता गूंजी, गूंजे मल्फ़ूज़ात मुक़द्दस*

दिए विश्व को शिक्षक ऐसे जिनकी ओर खिंचे सब बरबस

जना जो जन - मानस ने इसके मानवता उसकी दीवानी

सोना मेरे देश की माटी....

इसके हिस्से की विपदाएं , यदा - कदा आएं जब इसपर

कमर कसे हर भारतवासी , रहता मर - मिटने को तत्पर

कैसे दूर न भागे संकट , होती जब ऐसी निगरानी

सोना मेरे देश की माटी....

* सूफ़ी संतों की पवित्र कृतियां

ग़ज़ल

बरसों के ईश-भक्त जो माया में रह गए
माया के मद में मोक्ष को आसान कह गए

श्रद्धा के दर पे भक्ति के धंधों को देखकर
श्रद्धा के चाव मर्म की दुविधा में रह गए

विद्वान थे जो ज्ञान के शब्दों में कुछ कहा
और कर्म के प्रबंध से कुछ और कह गए

शंका के फूल खिलते हैं घर घर जहां, वहीं
पूजा के फूल सूखते गमलों में रह गए

होकर प्रसन्न अर्थ के यज्ञों से बार बार
कुछ देव इस विधान की शर्तों को सह गए

नदियों की लय में क्षोभ के पानी की बाढ़ से
सदियों के धान आस के खेतों से बह गए

अर्चन के सिद्ध मंत्र भी 'दानिश' न जाने क्यूं
रिश्वत की छद्म रेत के खंभों-से ढह गए

ग़ज़ल

मीत! मन से मन मिला तू और स्वर से स्वर मिला

प्रेम का बन पथ-प्रदर्शक, प्रिय से तू प्रियवर मिला

प्रीति-पुष्पों की सुगंधों में भी है थोड़ा समर

इन सुगंधों को परस्पर तू पवन बनकर मिला

पास बसकर भी जो हैं जन-जन के मन में दूरियां

पास के लोगों को अब तू दूर से आकर मिला

प्रेम के जिस भूमि-तल पर हिय तेरा करता रमण

इस धरा से उस धरा के ओज को लाकर मिला

जब कहीं संसार में अब प्रेम का अपमान हो

हर प्रणय को मान से तब होके तू तत्पर मिला

प्रेम की मदिरा जो निष्फल हो चली दुनिया में अब

प्रेम की मदिरा में तू कुछ और श्रेयस्कर मिला

है मेरे भीतर भी 'दानिश' प्रेम का दुश्मन कोई

तू मुझे उस जीव से अब देह के बाहर मिला

ग़ज़ल

लौट आया समय हर्ष उल्लास का
जब सजा हिय में फागुन नई आस का

भोर की नव-प्रभा में खिले जब सुमन
भेद खुलने लगा कृष्ण के रास का

एक प्यासा हृदय, दो नयन आस के
है पता यह मेरे जी के आवास का

सत्य की एक आभा जो कण कण मिली
ढूंढती है कनक हम में विश्वास का

चित्त की हर व्यथा शुद्धि का निमित्त है
सार संक्षिप्त है राम-वनवास का

सत्य जीवन के तम और उजालों में है
और साहित्य है उसके आभास का

गूढ़ है रज की रचना, विषम है गगन
कृत्य अब तक है भ्रम, चल रही सांस का

42

चन्द्र, दिनकर, धरा सब वो ही हैं, मगर

आज हम हैं विषय उनके परिहास का

क्या हुए ज्ञान - विज्ञान 'दानिश' कहो

जब अटल है नियम लय के इतिहास का

ग़ज़ल

कुछ दंड मिला है न क्षमादान मिला है

प्रारब्ध से प्रश्नों का समाधान मिला है

नक्षत्र निशा में हैं, दिवा में है दिवाकर

ऋद्धा को सदा इष्ट कृपावान मिला है

उसकी है धरा और है उसका ही क्षितिज भी

जिस जी को विधाता से अभयदान मिला है

मिलने को मिले राग, मिले रंग, मिले रूप

निष्कर्ष में हर देह को अवसान मिला है

अनुभूति में दुविधा, न दुराशा, न दमन ही

मानस को जहां ज्ञान का वरदान मिला है

संसार में व्यहवार का सत्कार है, फिर भी

शिष्टों को सदाचार में भगवान मिला है

'दानिश' है प्रभा - पर्व जो आक्रांत हृदय को

फागुन में नई आस का जयगान मिला है

ठहरो ठहरो ......

(विषय - केंद्रित ग़ज़ल)

ठहरो ठहरो मैं घर संवार तो लूं

राम   आएंगे, मैं पुकार तो लूं

राम की छवि अचिन्त्य है, फिर भी

उनके विग्रह को मैं निहार तो लूं

घर में पूजा का चाव बिखरा है

चाव को भाव से बुहार तो लूं

नैन सूखे हैं आस के तप से

प्रेम-जल से नयन निखार तो लूं

है शिखर पर प्रमा के राम-कथा

मैं कथा हिय में अब उतार तो लूं

नाम के हार हिय में हैं 'दानिश'

आज हाथों में पुष्प - हार तो लूं

ग़ज़ल

दुनिया में हर विषाद के पीछे है कोई भोग
दुर्योग हो, सुयोग हो, सारांश में है योग

काया नहीं, हैं कर्म जो जाएंगे साथ में
इतनी सी बात फिर भी समझते नहीं हैं लोग

हर क्षण वसुंधरा के हृदय में है एक प्रलय
हर क्षण हृदय को देता है धड़कन कोई सुयोग

हर मोड़ पर है पथ में जो नवपथ का श्रीगणेश
ऐसे में एक सुयोग को कैसे कहें कुयोग

कुछ वर्षों से मनस ये समझने के हक़ में है
क्यूं हर नई दवा के संग आए नया-सा रोग

हमने रचीं जो मूर्तें, निष्प्राण हो के भी
हमसे अधिक चिरायु हैं, हमसे अधिक निरोग

बंधन ही इस ज़मीन के कण कण का राग है
यूं हर प्रणय के अंत में आता है एक वियोग

संभव नहीं कि नीति कभी रीति में ढले

कहने को इस दिशा में हुए हैं कई प्रयोग

यूं ही नहीं बने हैं ये रिश्तों के सिलसिले

होता है हर मिलाप का पहले से कोई जोग

रहता न यदि अतर्क से मानव का दबदबा

होता न कोई यंत्र किसी तर्क से अजोग

जब आदमी की देह में होगा मनुज का वास

'दानिश' कोई समीप में दिखता नहीं है योग

ग़ज़ल

डंका है हर तरफ़ जो गुनाहों की आन का
क्या हो अब इस प्रकाश में देशाभिमान का

शहरों की गंदी नालियां सावन में भर के फिर
गौरव बहा के ले गईं हर इक मकान का

कुछ ख़ून, कुछ कराह, ख़बर लूट-पाट की
दिखता है चारों और असर खानपान का

कुछ रोग हर शरीर को जड़ से हिला गए
पूछो तो यह प्रताप है जीवन के मान का

रिश्वत का नाम कुछ भी हो औरों के देश में
भारत में घूस नाम है विधि के विधान का

कंचन-सा अन्न था तो किसी इश्तिहार में
आगे मगर था हाल तड़पते किसान का

दुगुनी हुई उछाल उड़ानों की, नींद में
आधा हुआ है जब से किराया विमान का

मर भी गया जो रेल में कोई तो क्या हुआ

आख़िर वो ज़िम्मेदार था अपनी दुकान का

क़ानून भी हैं फूल बहारों के देस में

यह देस था कभी न कंटीले निदान का

बाज़ार - से सदन में सलीक़े से शोर – ग़ुल

रखता है नित्य हो के भरम संविधान का

'दानिश' कटी हैं जब भी ग़रीबों की झोलियां

भरता है घर ज़रूर बड़े ख़ानदान का

हो कातर तो आएंगे राम ......

(विषय - केंद्रित ग़ज़ल)

हो कातर तो आएंगे राम एक पल में

उन्हें हेतु मिलता है नैनों के जल में

है ये ढाई आखर की गरिमा की महिमा

कि है प्रीत उनकी तरल में , सरल में

कोई युग हुआ हो जो नेपथ्य उनका

वो ही राम हैं आज में , हैं जो कल में

कृपा राम की है कि कलिकाल में भी

सुधा में सुधा है , गरल है गरल में

मरा राम का भाव होंठों पे उनके

छिपी है छुरी कोई जिनकी बग़ल में

सहज हो उठी राम की कोप - लीला

हम उतरे जो अपनी ही लीला के तल में

है घर घर प्रखर फिर से सोने की लंका

मगर उसका जलना है निश्चित अनल में

लगे यूं तो 'हे राम' की उक्ति छोटी

है फिर भी सुदर्शन वो निर्बल के बल में

हो कैसा भी रावण, अटल है कथानक

कि अति शीघ्र होगा विभीषण महल में

सिया-शील मानस का हर कर अमर हो

कहां शक्ति है अपने रावण के छल में

जहां राम 'दानिश' पधारे हृदय में

हुए वीर निर्बल, विनय था सबल में

ग़ज़ल

एक रीति फिर से नीति का संहार कर गई

अब रौशनी ही दृष्टि को लाचार कर गई

एक लौ से घर में ओज की कुछ आस थी मगर

कुहरे की मौज लौ को गिरफ़्तार कर गई

जिस प्रेयसी को लाए थे महलों की सोचकर

वह प्रेयसी सड़कों पे ही घर-बार कर गई

भोली – सी सूरतों पे बड़प्पन की झाईं-सी

हम सब के भोलेपन का बहिष्कार कर गई

जिस जिस दवा से देह को सेहत की आस थी

वो कुछ नहीं तो बुद्धि को बीमार कर गई

अपने ही घर को ख़ुद ही गिरने की भंगिमा

शालीनता का ख़ुल के तिरस्कार कर गई

जो थी अखंडता की   शिरा एक देह में

शंका में पड़ के ख़ुद को निराधार कर गई

52

दिन भर के श्रम की क्लांति से राहत की नींद में
एक सुबह स्वप्नभंग को साकार कर गई
मन में किसी विदेश के किन्नर की कल्पना
छोटे-से देशद्रोह का संचार कर गई
इतिहास है कि जब गिरे, ख़ुद ही गिरे थे हम
सच हो के फिर ये बात चमत्कार कर गई
'दानिश' हैं संहिताएँ भी आचार की अनेक
अवमानना ही जिनका समाचार कर गई

बसंत

(विषय - केंद्रित ग़ज़ल)

बिछा के रंग हर तरफ़ धरा का भाग हो गई

हृदय में बस, वसंतजा प्रणय का राग हो गई

जो आई छू के इक सुमन के रूप-रस की आंच को

बयार हिय के सौरभों से मिल के आग हो गई

निभा रही थी एक रीति प्रीति की वो नव-किरन

जो सुबह दिन की पहली आस का सुहाग हो गई

निशा के शन में ज्योत्सना की श्वेत-श्याम अल्पना

विभावरी के राग-रंग का विहाग हो गई

बसंत दे गया है प्यास चाहतों की इस तरह

लगी बुझी न, पर बुझी तो वीतराग हो गई

द्वंद्व

54

अधर कुछ बोलने को थे

नयन रंग ओलने को थे

निकल कर पग नयन के संग

रमन - रस मोलने को थे ....

लिए चित प्रीत की ज्वाला

अहर्निश हाथ वरमाला

सधे बंधन स्वयंवर कुछ

जो बंधन खोलने को थे .....

जहां पद खोजता था सम

मिला दिन - पिक लिए पंचम

सुना फिर साँझ – धैवत जब

विहग - युग डोलने को थे ....

हृदय था पी रहा पल पल

मरण से सिक्त कोलाहल

कि जब प्रियतम के सुर अमृत

श्रवण में घोलने को थे .....

सुहाने स्वप्न की रजनी

अभोगी आस की जननी

सजी एक सेज पर सजनी

कि नभ पट खोलने को थे ....

प्रात पर्व

थी सूरज की पहली , सुनहरी किरण

किसी चित्र - सा खिल उठा फिर गगन

खिला दिन , गई रात जाने कहां

हुआ दिन के उल्लास में जग मगन

कली हर कहीं फूल बनने लगी

नए रंग आंखों में भरने लगी

नए ओज में अब नई दृष्टि से

क्षितिज कुछ नए देखते हैं नयन

प्रखर हैं नए क्षण ये आभास के

नई कल्पना के , नई आस के

नए प्रात के रंग हैं नित नए

है हर पल नई चेतना का सुमन

सरस पंछियों के नए गान हैं
धरा पर सुरों के यही प्राण हैं
कोई सुर अकारथ नहीं गान में
यही प्रात के पर्व का है भजन

है जो सुबह अच्छी, तो अच्छा है दिन
न होगा वो बोझिल, न होगा कठिन
बदलती हैं ऋतुएं, बदलती रहें
अटल है सवेरे का उजला चलन

श्रीराम की बातें...

आओ हम सब गर्व से श्रीराम की बातें करें

गर्व से, गौरव से हम श्रीराम की बातें करें

जब करें दूजों से, अपने राम की बातें करें

उनके पावन काम की और नाम की बातें करें

राम से गाथा बनी है, राम गाथा से नही

आओ इस संबुद्धि से श्रीराम की बातें करें

राम की लीला में अविचल मानुषी आचार था

जो है अपना आज उनका भी वो ही संसार था

शील से जीवन की मर्यादाओं का जो हैं स्वरूप

आओ उनके साम और संग्राम की बातें करें

प्रिय वही है जिसके मुख मंडल पे कुछ अपना-सा हो

अपना - सा उसकी भी आंखों में कोई सपना - सा हो

इष्ट का वह रूप हो जाए कि प्रिय का मर्म हो

हिय के मंदिर में बसे उस नाम की बातें करें

क्या कहें हम अब कि उसकी मोहिनी का भेद क्या
एक विरह का खेद क्या और प्रीत का उद्वेद क्या
जिसको सुनते आए और आगे भी सुनते जाएंगे
उस कथा के चिर अमर शुभ नाम की बातें करें
राम की गाथा है क्या वह है कहानी आपकी
हर चरित के चित्र में है कुछ निशानी आपकी
राम अपने जी के जीतें जी के रावण की धरा
और हम कृतकृत्य कोसलधाम की बातें करें
आओ रामायण से हम फिर चेतना अच्छी करें
देह की और आत्मा की वेदना अच्छी करें
नित्य अच्छे चाव के अच्छे सहज सत्संग में
शुभ्र जिज्ञासा से सीता-राम की बातें करें
आओ हम सब गर्व से श्रीराम की बातें करें
गर्व से, गौरव से हम श्रीराम की बातें कर

विडंबना

रोये तुम , और शिथिल हुए तुम

हंसता था मैं , शेष रहा मैं

क्षण क्षण पर , यूं अभिनय को ही

मरता था मैं , शेष रहा मैं

युग – सरिता की मंद प्रगति पर

युग की कलुषित , क्षुद्र प्रकृति पर

तनिक युक्ति से धूनी रमा मैं

तन्मय था मैं , शेष रहा मैं

सृष्टि - नाट्य की सार - कथा है

'निर्बल का संसार व्यथा है'

शक्तिधरों की यूं स्तुति में

प्रबल रहा मैं , शेष रहा मैं

काव्य तुम्हारे लुप्त हो चुके

अंतर - नयन सुप्त हो चुके

मति अशुद्ध, अश्लील कहानी

कहता था मैं, शेष रहा मैं

रवि-प्रकाश अब क्षीण हो चला

चंचल खग अब जीर्ण हो चला

रुग्ण सांझ का पकड़ के आंचल

चहक रहा मैं, शेष रहा मैं

तुम अब तक सतयुग के वासी

कल्कि-मिलन का मैं अभिलाषी

हुए दिग्भ्रमित तुम कलियुग में

मगन रहा मैं, शेष रहा मैं

पीर पराई तुम्हें पुकारे

कर्ण, श्रवण आदर्श तुम्हारे

अपनी मां की सेवा को ही

झिझक रहा मैं, शेष रहा मैं

रोये तुम और शिथिल हुए तुम....

मरुस्थल

61

यह मानव - कर्मों का फल है

विप्लव आया वेश बदल है

सावधान ! सब निगल न जाए

पहिचानो , यह मरुस्थल है

अब बस इससे ही बचना है

यह विकृति की संरचना है

कण कण से, हर कलाकृति से

झांक रहा यह मरुस्थल है

प्रकृति का आवेश प्रबल है

खंडित वन की आह अटल है

नगर, डगर के अभिमानों में

निहित आज यह मरुस्थल है

श्राप-रूप सूखती नदी का
क्रुद्ध सूर्य, विह्वल पृथ्वी का
कल के परिदृश्यों में दिखता
अंतहीन यह मरुस्थल है
धूल-धूसरित कर जीवन को
कुंठित कर काया को, मन को
दे अधैर्य की सांसें, हमको
निरख रहा यह मरुस्थल है
'प्रगति' बन चली ग्राहक इसकी
विजय, पराजय चाहे जिसकी
सत्व नाश की सब ऋतुओं का
चिर-समीप यह मरुस्थल है

भाई दूज

(विषय - केंद्रित ग़ज़ल)

बहन एक भाई से जब दूज पर रिश्ता निभाती है

उसे देकर दुआएं प्रेम का अमृत पिलाती है

उसे लम्बी उमर और ज़िन्दगी भर की ख़ुशी दे दे

वो इस वर के लिए भगवान को क़समें दिलाती है

' न जाऊंगा किसी के घर मैं यम – द्वितीया के दिन बहना '

दिया यम ने वचन यमुना को , यमुना मुस्कुराती है

किया जब कृष्ण ने नरका का वध, तब आज ही के दिन

सुभद्रा प्रेम से मुंह कृष्ण का मीठा कराती है

असुर बलि की प्रबल माया , मगर उसकी बहन बनकर

रमा* पाताल से वामन को फिर बैकुंठ लाती है

वहां होते हैं सारे पुण्य अपनी रौशनी लेकर

जहां इस दिन बहन एक भाई को टीका लगाती है

* लक्ष्मी

" निराला "

(महाप्राण निराला को समर्पित स्मृति गीत)

एक दिन जो गूंजा था स्वर

फागुन में पिक था प्रखर

कैसा निराला - सा

शीतल-सी ज्वाला-सा

परिमल था पावन प्रवर

प्रात: की मां शर्वरी

जीवन धरा की धुरी

छाया की माया है

माया की छाया है

मन का अधर है प्रसर

हद में वो घर कर गई

पल को अमर कर गई

जूही अकेली है

सुषमा नवेली है

रीझे पवन प्रियवर

गतप्राण दुहिता पड़ी

ममता की टूटी लड़ी

मंथन की बेला है

कितना अकेला है

मन क्या इधर , क्या उधर

अपराजित लय की विजय

दुविधा में दशरथ - तनय

भक्ति के चंदन से

शक्ति के वंदन से

मर्यादा निकली अजर

माया से मन मोहती

पत्थर भी वह तोड़ती

वनिता धरा की है

अपरा परा की है

निस दिन बसाती है घर

परिणति सदा संगिनी

हर पल की अर्धांगिनी

अनबूझे छंदों में

अनदेखे द्वन्द्वों में

कवि हो गया है अमर

सखी आना ...

(गीत)

सखी   आना ,   और

आ के वो गीत सुनाना

जो सदा याद रहे....

सखी   गीतों   ही

गीतों में प्रीत निभाना

जो सदा याद रहे ....

ठहरे न रुत कोई मन की मुराद से

वापस न फिर आए बीती मियाद से

सखी   आना अब

करना न कोई बहाना

देखो याद रहे ....

फूलों से   पूछो तो जी को रिझाएं क्यूं?

आगे फिर पल भर में खिलकर मुरझाएं क्यूं?

सखी बातों से मेरी

तुम रूठ न जाना

भला याद रहे ....

बिरहा की रात कटी तारों की छांव में

बैठा चकोर कहीं चंदा के गांव में

सखी वादा है आने का

भूल   न   जाना

ज़रा याद रहे ....

जीवन का   नाम लहर लाकर मिलाए जो

फिर आए एक हवा आकर ले जाए जो

सखी मिलने बिछुड़ने

का   राग पुराना

कहां याद रहे....

कलियों का भेद छुपा उनकी मुस्कान में

भौंरों की गुंजन है कलियों की शान में

सखी तुझको ही

तेरा है रूप चिन्हाना

मुझे याद रहे ....

मुझको तो बांध लिया गोरी के गांव ने

उस पर से बेड़ियां हैं पायल की पांव में

सखी छोड़ो भी

मुझको है लौट के जाना

तुम्हें याद रहे....

मुख जो न बोल सका अंखियों ने बोला

बानी भी ओढ़ चली अंसुवन का चोला

सखी   नयनन   से

पाती की रीत निभाना

देखो याद रहे ....

पूरब से बात चल

(गीत)

पूरब से बात चली

भोर भई , रात चली

हंसन की पांत चली

पांत चली रे...

नभ केसर रंग चढ़ा

बन बन उमंग चढ़ा

नव – जोबन अंग चढ़ा

अंग चढ़ा रे...

पूरब से बात चली....

कलियन पर ओस पड़ी

कुछ मन मसोस पड़ी

कुछ कुछ मदहोस पड़ी

ओस पड़ी रे...

बन – पंछी बोल उठा

पिहू पिहू बोल उठा

मनवा रस घोल उठा

घोल उठा रे...

पूरब से बात चली....

जियरा इक आस जगी

आस जगी पास जगी

पल पल बिंदास जगी

आस जगी रे...

नदिया के तीर चली

पनिहारिन धीर चली

निंदिया घन चीर चली

चीर चली रे...

पूरब से बात चली....

पग पायल छनन छनन

अल्हड़ मन मगन मगन

अंतर - खग गगन गगन

गगन गगन रे...

पीहर पट खोल उठा

झट कागा बोल उठा

आंगन कलोल   उठा

बोल उठा रे...

पूरब से बात चली....

नयनन में भोर भरे

पग सजना ओर करे

चितवन में जोर धरे

जोर धरे रे...

पूरब से बात चली ....

धरती से आतंक मिटाएं

निज गौरव को शीश नवाएं

गंगाजल   का   अर्घ चढ़ाएं

और शपथ लें सभी भद्रजन

चौथा ऋण है , इसे चुकाएं

धरती से आतंक मिटाएं....

सदियों में हम सभ्य हुए हैं

पशुओं से   इंसान बने हैं

मूक-बद्ध हो इस मकाम पर

पुनः न वह शैशव दुहराएं

धरती से आतंक मिटाएं....

कौन प्रश्न है विधि से ऊपर

और कौन है तर्क से दूभर

अपराधी है बस अपराधी

इस विवेक का तिलक लगाएं

धरती से आतंक मिटाएं....

सबका जीवन चिर अशोक हो

चाहे जैसा मृत्युलोक हो

इतिहासों का पाठ पढ़ें हम

नीति - द्रोह को सज़ा सुनाएं

धरती से आतंक मिटाएं....

न्यायालय हैं नए शिवालय

विधिक आचरण के विद्यालय

सतत न्याय के नाग-यज्ञ में

अपने असुरों को पहुंचाएं

धरती से आतंक मिटाएं....

जो जीवन का मोल न जानें

और कोई क़ानून न मानें

एक दूसरी दंड - संहिता

उनकी ख़ातिर आज बनाएं

धरती से आतंक मिटाएं....

जब देश मेरा आज़ाद हुआ ....

जब देश मेरा आज़ाद हुआ

हम सब ने ख़ुशी मनाई थी

हम सब की आंख में आंसू थे

मंज़िल ख़ुद हम तक आई थी

सदियों के थके हुए हम थे

जाने कब से अलसाए थे

क्या मनभावन एक सुबह थी वो

जब हमने ली अंगड़ाई थी

मानस में नए - से सपने थे

जिनको देखो सब अपने थे

हर मुख में मंगल - गायन था

सब कानों में शहनाई थी

अब कुछ सड़कें फिर ख़ूनी हैं

कुछ   गलियां अपनी सूनी हैं

ऐसे   ही दृश्य सजाने की

क्या क़सम किसी ने खाई थी ?

शहरों से हमने पढ़ - लिख कर

देखा न देहातों को मुड़ कर

जीवन में अन्न के अमृत की

यह भी कैसी भरपाई थी ?

पथ भी क़दमों के साथ रहें

मानस में जब तक ध्येय रहें

जब जब हम भटके और गिरे

यह बात समझ में आई थी

जिसने समझा , यह बात कही

भारत - गाथा   का   सार यही

हरदम अपने ही असुरों से

बस करनी हमें लड़ाई थी

जब देश मेरा आज़ाद हुआ ...

राम कुछ तो कहो ...

चित्त में आलोक हो , राम कुछ तो कहो

स्वयं को जान लूं, राम कुछ तो कहो

इस भरी भीड़ में मैं खड़ा हूं कहां

क्या पता है मेरा , मैं पड़ा हूं जहां

ख़ुद से अंजान हूं, राम कुछ तो कहो

मेरे पीछे है क्या , मेरे आगे है क्या

जो है आगे मेरे , उसके आगे है क्या

मैं परेशान हूं , राम कुछ तो कहो

तन मेरे पास है , धन मेरे पास है

एक अच्छा - सा आंगन मेरे पास है

क्या मैं धनवान हूं ? राम कुछ तो कहो

81

क्यूं लगे है कि संसार घर है मेरा

क्यूं लगे है कि सबकुछ अजर है मेरा

मैं तो मेहमान हूं ! राम कुछ तो कहो

तुम ही तुम हो यहां, क्या यही बात है?

स्वप्न है ये जहां , क्या सही बात है ?

मैं तो इंसान हूं, राम कुछ तो कहो

एक प्रिय सुर - मंजरी

(गीत)

एक प्रिय सुर - मंजरी चित में खिली

प्रणय के सुर - ताल में अविरल ढली

चित्त में रच एक अनदेखी धरा

भाव में सुर - मुदित लय की अप्सरा

कर विलय सुर - नीर में हिय की जरा

अकथ परमानंद की विरुदावली

सुरभि - सम सुर - चेतना हिय में लिए

कुछ मधुर मधु - वेदना पल पल दिए

सप्तरंगी कल्पना की मय पिए

नवसुमन – सी आस कोरी अधखिली

एक प्रिय सुर - मंजरी ...

कोई ....

(गीत)

है फूलों के यौवन की ऐसी कथा

है जिसमें न कोई विरह , न व्यथा

जो जाना तो लगता है जैसे कोई

मुझे हर पहर जानता है .....

करूं खुद को जैसे कि हैं रूप में

दरख़्तों के साए कड़ी धूप में

जो सोचा तो देखा कि मेरे लिए

भी यूं ही कोई सोचता है .....

हो कोई भी , बस मुस्कुराता रहे

जहां भी हो , कुछ गुनगुनाता रहे

जो मांगा , तो पाया कि एक गीत में

मुझे भी कोई मांगता है .....

है क्या जिसका हर दिल को आभास है

है आंखों में सबकी जो , क्या आस है

जो पूछा , लगा दिल में आकर कोई

मेरा हाल भी पूछता है.....

हो कैसा भी घर , प्रेम का धाम हो

जो हो प्रेम हिय में तो निष्काम हो

जो चाहा , तो पाया कि है पास में

कोई जो मुझे चाहता है.....

हृदय में जो भ्रम था किसी चोट का

था मानस में श्रम जो किसी ओट का

जो समझा, तो देखा कि उस पल कोई

मुझे प्रेम से देखता है.....

अधर ...

85

क्या कहूं मैं कब से अधर में हूं...

मेरे दिन में दिनकर हो न हो

मेरी रात रुचिकर हो न हो

मैं हृदय से प्रात – पहर में हूं

मेरे मीत हैं मेरे सह - पथिक

सहचार , यद्यपि , है क्षणिक

क्या कहूं मैं कब से अधर में हूं

अभी जी लगा था कि चल पड़े

जहां जी नहीं था , रहे खड़े

जाने किस पवन के चंवर में हूं

कोई इस जगत से मिला गया

कोई शिव की भंग पिला गया

कि सतत मैं अपनी डगर में हूं

जो लगे अजर, वो है प्राण में

जो है प्राण में, है प्रयाण में

मैं जो सच कहूँ तो भंवर में हूं

जहां अंतरों की महाशिला

वहां सब से जा के गले मिला

मैं लगन से अपने नगर में हूं

है नियति यह कि मिलाप है

प्रारब्ध है जो विलाप है

ये सुयोग है कि मैं घर में हूं

मेरे पथ भी हैं, गंतव्य भी

मेरे पार्थ हैं, एकलव्य भी

प्रतिपल मैं अपने समर में हूं

क्या कहूं मैं कब से अधर में हूं...

विश्वास की विधा   ....

हर चित्त में विश्वास की विधा है

और सत्य के आभास की सुविधा है

कितनी ही उठे कल्पना अधर में

हर कल्प में आधार की वसुधा है

सत्कर्म में विनती का आचरण है

सत्पथ पे सत्पथीन का चरण है

धरती पे कर्म - धर्म का प्रणय है

हर श्रम के आवरण में एक स्वधा है

जीवन की इस धरा पे यह कथा है

उपकार है , अपकार है , व्यथा है

सत्कार में निस - दिन के नित्य सुख है

कर्तव्य में आनंद की सुधा है

89

चित की प्रथम जो स्वप्न चेतना है

व्यहवार जागरण की अल्पना है

द्रष्टा हो स्वयं अपने नाट्य की जो

उस दृष्टि में परमार्थ की विधा है

नया पड़ाव

लो फिर आया नया पड़ाव

यायावर – से अथक चलन में

राहों के संघर्ष सघन में

एक सुहाना – सा ठहराव

फिर पत्तों पर ओस रचेगी

फिर बसंत सरसों की चूनर

अमलतास के कोमल झूमर

फिर भू हर सिंगार करेगी

तुम फिर नई कहानी कहना

नई ललक से बैठ सुनेंगे

नए बिंब मानस में होंगे

नए स्वप्न आँखों का गहना

91

नए जोश की अगन में जलकर

लगन लगे अब ऐसी हमको

पहुँचा दें हर जलती लौ को

दावानल से दीपशिखा पर

अनुभूतियाँ

(गीत)

अनुभूतियाँ अनुराग दे गईं

हिय में खिले फूलों को कुछ पराग दे गईं

प्रातः की रश्मियों से

एक शाख पे कलियों से

शैशव की गोदियों-सा कुछ सुराग दे गईं

बिरहन-सी पीर बनकर

चितवन का नीर बनकर

फिर प्रीत के चलन को नव-सुहाग दे गईं

संझा के नभ में जाके

पच्छिम में चित रमा के

रजनी की कालिमा को सुर - विहाग दे गईं

नयनों से कुछ छिपा के

और भेद कुछ बता के

कुछ राग दे गईं हैं, कुछ विराग दे गईं

अँखियन में रूपसी बन

तन-मन में बेबसी बन

हाथों में एक चिराग, जी में आग दे गईं

कुछ था न था दरस में

उपवन के रस - परस में

इस बार भी फागुन को आ के फाग दे गईं

अनुभूतियाँ अनुराग दे गईं ......

परिचय

दीपक 'दानिश' 'Deepak Danish'

इलाहाबाद, उ.प्र., भारत

कहानियों व समीक्षाओं पत्रिकाओं और समाचार पत्रों में प्रकाशन

हिन्दी व उर्दू की, विशेषकर ग़ज़लों, नज़्मों, क्षणिकाओं और हाइकु आदि का भारत के प्रमुख हिन्दी व उर्दू पत्र-पत्रिकाओं में रचनाओं का निरन्तर प्रकाशन

आकाशवाणी, ई.टी.वी-उर्दू तथा अखिल-भारतीय व आंचलिक मंचों से हिन्दी तथा उर्दू काव्य-पाठ

सांस्कृतिक-कार्यक्रमों के लिए गीतों की रचना व नाट्य-लेखन

deepakdanish9562@gmail.com

95